CONSTITUTION

RÉPUBLICAINE,

DES COLONIES FRANÇAISE

DE SAINT-DOMAINGUE,

EN SOIXANTE-DIX-SEPT ARTICLES,

Concernant la liberté des Negres, des gens de couleurs et des Blancs,

ENVOYE AU PREMIER CONSUL DE FRANCE

Par le citoyen Toussaint-Louverture, général en chef et gouverneur des colonies française de St.-Domaigue.

CONSTITUTION de la colonie française de St-Domaingue.

LES députés des départemens de la colonie de St.-Domaingue, réunis en assemblée centrale, ont décreté et assis les bases constitutionnelles d'un régime (system) pour la colonie française de St.-Domingue.

Titre 1er. *Territoire* Art. 1. St-Domingue dans toute son étendue, ainsi que *Samana, la Tortue, la Gouave, les Caïmites, l'Isle-à-Vache, la Saone,* et les autres iles adjacentes, forment le territoire d'une seule colonie, laquelle fait partie de l'empire françias, mais qui est gouvernée par des lois particulières.

2. Le territoire de cette colonie est divisé en départemens, cercles ou arrondissemens et paroisses.

Titre II. *de ses habitans.* 3. Les esclaves né sont point soufferts (permitted) dans ce territoire; l'esclavage est aboli pour jamais. Tous les homes né dans ce pays, vivent et meurent hommes libres et français.

4. Chaque homme, de quelque couleur qu'il puisse être, est éligible a toute les places.

4. Il n'y a parmi eux d'autre distinction que celui des talens et des vertus, et de supériorité que celle que la loi confie par l'exercice de quelque fonction publique. La loi est la même pour tous, soit qu'elle punisse ou protège.

Titre III. *De la religion.* 6. La religion catholique, apostolique et romaine, est la seule professée publiquement.

7. Chaque paroisse doit defrayer son culte et les ministres. Les reve-

nus attachés aux églises sont destinés à concourir à ces frais, et les pres-
bytères ou maisons curiales, à loger les desservans.

8. Le gouvernement de la colonie assigne à chaque paroisse les limites
de son administration spirituelle, et les ministres du culte, ne peuvent,
sous aucun prétexte et en aucun tems, former un corps dans la colonie.

TITRE IV. *De la morale.* 9. Le mariage, par son institution politique
et religieuse, tend à purifier la morale publique; ceux qui pratiquent les
vertus, dont il fait une obligation, seront toujours distingués et particulièrement protégés par le gouvernement.

10. Le divorce n'est pas permis dans cette colonie.

11. L'état et les droits des enfans nés hors mariage seront déterminés
par des lois faites pour étendre et conserver les vertus sociales, ainsi
qu'encourager et fortifier l'union dans les familles.

TITRE V. *Des hommes en société.* 12. La constitution garantit la liberté
et la sûreté de chaque individu. Personne ne peut ni être arrêté sans
des ordres émanés de l'autorité, et mis à exécution par un officier à qui
la loi en défère le pouvoir, ni être détenu en autres lieux que dans
ceux désignés publiquement pour ce service.

13. La propriété est sacré et inviolable. Chaque individu, soit par
ses représentans, a la libre disposition et l'administration de tout ce qui
est reconnu lui appartenir. Quiconque s'immiscera dans l'exercice de
ce droit personnel, sera réputé criminel envers la société, et demeurera
responsable envers la personne dans les droits de laquelle il se sera
immiscé.—

TITRE VI. *Agriculture et commerce.* 14. La colonie, étant essentiel-
lement agricole, ne peut souffrir la moindre interruption dans les tra-
vaux de ses cultivateurs.

15. Chaque habitation est une manufacture qui acquiert l'union du
propriétaire et des cultivateurs. C'est l'asyle tranquille d'une famille
industrieuse et bien réglée, dont le propriétaire du sol ou son repré-
sentant est nécessairement le père.

16. Chaque cultivateur est un membre de cette famille, et en droit
partager les revenus. Tout changement qui s'opère sur une habitation
de la part du cultivateur, en entraîne la ruine. Pour réprimer un vice
aussi fatal à la colonie qu'il est contraire au bien public, le gouverneur a
fait tous les réglemens de police que les circonstances exigent, et lesquels sont basés sur les réglemens du 20 vendemiaire an 9, et sur la pro-
clamation du 19 pluviose, promulgués par le général Toussaint-louverture.

17. L'introduction des cultivateurs, indispensable à l'extension et au
rétablissement de l'agriculture, aura lieu à St-Domingue. La constitution charge le gouverneur de prendre les mesures les plus efficaces pour
encourager et favoriser cette augmentation de bras; pour stipuler et
balancer les différens intérêts, assurer et garantir l'exécution des engagemens réciproques résultans de telles introductions.

18. Le commerce de la colonie consiste seulement dans l'échange des
denrées, produits de son propre territoire; conséquemment l'introduction des mêmes articles est et reste prohibé.

TITRE VII. *De la législation et de l'autorité législative.* 19. Le régime
de la colonie est établi par des lois proposées par le gouvernement, et
agréées par une assemblée des habitans, qui se réunissent à des époques

réglées dans le centre de la colonie, sous le titre d'*assemblée centrale de Saint-Domingue.*

20. Aucune loi relative à l'administration intérieure de la colonie, ne peut être promulguée, qu'accompagnée de cette formule : *l'assemblée centrale de St-Domingue, sur la proposition du gouverneur, décrete la loi suivante.*

21. Aucune loi ne sera obligatoire pour les citoyens, que du jour de la promulgation dans les chefs-lieux des départemens. Toutes les lois devront être promulguées de la manière suivante : *au nom de la colonie française de St-Domingue, le gouverneur décrete que la loi ci-dessus, sera enregistrée, publiée et exécutée dans toute la colonie.*

22. L'assemblée centrale de St.-Domingue, est composée de deux députés de chaque département, qui, pour être éligibles, devront être âgés de trente ans, et avoir resté cinq ans dans la colonie.

23. La moitié de l'assemblée est renouvelée tous les deux ans. Aucun membre ne peut l'être six années de suite. L'élection se fera de la manière suivante : Tous les deux ans, chaque administration municipale nommera, le 10 ventôse, un député. Ces députés se réuniront dix jours après dans les chefs-lieux de leurs départemens respectifs, pour y former autant d'assemblées électorales de département, et chacune de ces assemblées nommera un député à l'assemblée centrale.

La première élection aura lieu le 10 ventôse de l'an 11 de la république française. En cas de mort ou de démission d'un ou plusieurs membres l'assemblée, le remplacement se fera par le gouverneur.

Il désignera aussi, au premier renouvellement, les membres de l'assemblée centrale, qui devront rester pendant les deux années suivantes.

24. L'assemblée centrale vote l'adoption ou le rejet des lois proposées par le gouverneur, elle exprime son opinion sur les réglemens proposés, sur l'application des lois déjà admises, sur les abus à corriger, et les améliorations à faire dans toutes les parties du service de la colonie.

25. Sa session commence tous les ans le 1er germinal, et ne peut durer plus de trois mois. Le gouverneur peut la convoquer extraordinairement. Ses séances sont publiques.

26. Après avoir reçu un état des recettes et des dépenses, qui devra être présenté par le gouverneur, l'assemblée centrale déterminera l'emploi, la quotité, la durée et le mode de perception des taxes, ainsi que leur augmentation ou leur diminution. Ces états seront imprimés sommairement.

TITRE VIII. *Gouvernement.* 27 L'administration du gouvernement des colonies est confiée au gouverneur qui correspond avec le gouvernement de la mère-patrie pour tout ce qui est relatif aux intérêts des colonies.

28. La constitution nomme comme gouverneur, le citoyen Toussaint-Louverture général en chef de l'armée de St-Domingue ; et en considération des importans services rendus par ce général à la colonie dans les circonstances les plus critiques de la révolution et avant agi à la satisfaction du peuple reconnaissant, les rênes du gouvernement lui sont confiées pour tout le tems de sa vie glorieuse.

29. A l'avenir tout gouverneur sera nommé pour cinq ans, durant laquelle période, son administration est bonne, il sera continué dans son office.

30. Afin d'assurer la tranquillité que la colonie doit à la fermeté, à l'activité, au zèle infatigable et aux rares vertus du général Toussaint-Lou-

verture, et comme un gage de la confiance sans bornes des habitans de St.-Domaigue, la constitution réserve exclusivement à ce général, en cas de l'événement cruel de sa mort, le droit de choisir celui qui lui succédera immédiatement. Ce choix sera secret, il sera renfermé dans un paquet cacheté qui sera brisé seulement par l'assemblée centrale, en présence de tous les généraux de l'armée de St.-Domingue en activité de service et du commandant en chef des départemens. Le général Toussaint prendra toutes les précautions nécessaires pour mettre à même l'assemblée centrale de trouver l'endroit où il aura déposé ce paquet.

31. Le citoyen qui sera choisi par le citoyen Louverture, pour recevoir après sa mort les rênes du gouvernement, prêtera devant l'assemblée centrale le serment d'exécuter la constitution de St.-Domaigue, et de rester fidèle au gouvernement français et sera immédiatement installé. Le tout se fera en présence des généraux de l'armée qui seront en activité de service et des commandans en chef des départemens, qui tous et individuellement, sans quitter la place prêteront le serment d'obéissance au nouveau gouverneur.

32. Un mois ou plus avant l'expiration des cinq ans fixés pour l'administration de chaque gouverneur, celui qui en remplira l'office convoquera l'assemblée centrale et une assemblée des généraux de l'armée qui seront en activité de service, ensemble avec les commandans en chef des départemens au lieu accoutumée de l'assemblé centrale, afin de nommer conjointement avec les membres de l'assemblée, un nouveau gouverneur, ou pour continuer celui qui sera déjà en exercice.

33. La négligence de cette convocation par le gouverneur en exercice sera une infraction manifeste de la constitution; dans ce cas le général le plus élevé en grade et le plus âgé de ce grade qui sera en activité au service de la colonie, aura le droit provisoire de prendre les rênes du gouverment. Ce général convoquera immédiatement les autres généraux en activité de service, les commandans en chef de département et les membres de l'assemblée centrale qui seront forcés d'obéir à cette convocation, afin de procéder de concert à la nomination d'un nouveau gouverneur.

En cas de vacance par la mort, changement ou autrement, d'un gouverneur, avant l'expiration de son exercice, le gouvernement convoquera pour les mêmes projets ci-dessus expliqués les généraux en activité de service, les membres des assemblées centrales et les commandans en chef des départemens.

34. Le gouvernement scelle et promulgue les lois; il nomme à tous les emploies civils et militaires.

Il est chargé spécialement de l'organisation de l'armée dont il est commandant en chef; les vaisseaux armés en station dans les ports de la colonie, sont sujets à ses ordres. Il détermine la division du territoire de la manière la plus convenable aux relations intérieures.

Se réglant lui-même d'après les lois, il doit veiller et prévoir tout ce qui peut regarder la sécurité intérieure et extérieure de la colonie, reconnaissant que l'état de guerre est un état de désolation, de rareté et misère pour la colonie. Le gouverneur, dans ces circonstances, est chargé de prendre toutes les mesures qu'il croira convenables, pour fournir la colonie de provisions en tout genre.

35. Il exerce la police générale sur les habitations et les manufactures, quand il s'agit d'exiger l'observation des obligations ou de tous autres engagemens des propriétaires planteurs ou de leurs représentans, envers

les cultivateurs et les ouvriers qui réclament desdits propriétaires planteurs ou de leurs représentans.

36. Il propose les lois à l'assemblée centrale, et même celles qui pour-
raient changer la constitution, si l'expérience lui démontre que cela
soit nécessaire.

37. Il dirige et surveille la collecte, les dépenses et l'emploi des finances de la colonie, et donne à cet égard tous les ordres quelconques.

38. Il présente, tous les deux ans, à l'assemblée centrale, à compter
des recettes et dépenses de chaque département, l'établissement de chaque année séparement.

39. Il surveille et condamne, par ses commissaires, tous les écrits,
tendant à troubler l'ordre de la colonie; il supprime tous ceux qui vien-
nent du dehors, qui tendent à corrompre la morale publique ou à troubler la colonie; il punit les auteurs ou colporteurs de tels écrits, con-
formément à l'importance de la chose.

40. Si le gouverneur est informé qu'il exites une conspiration contre
la tranquillité de la colonnie, à l'instant il a le droit de faire arrêter
toutes les personnes qui sont soupçonnées d'être les auteurs ou les com-
plices; et après leur avoir fait subir un interrogatoire extraordinaire, il
les fera transférer devant les tribunal compétent, s'il y en a un.

41. Les appointemens du gouverneur sont fixés pour le présent à
300,000 fr. Sa garde d'honneur est aux frais de la colonie.

TITRE IX. *Des tribunaux.* 42. Aucun ne pourra faire valoir son droit
de citoyen, pour arranger à l'amiable une dispute par des arbitres choi-
sis par lui-même.

43. Aucune autorité n'arrêtera ou suspendra l'execution des jugemens
rendus par les tribunaux.

44. La justice est administrée dans la colonie par des tribunaux de
premières demandes, et des tribunaux d'appel. La loi détermine l'organisation des uns, des autres, leurs nombres, leurs pouvoirs, et les
bornes de leur juridiction. Ces tribunaux, suivant leurs dégrés de juridiction, prendront connaissance de tous les cas civils et criminels.

45. Il y aura dans la colonie un tribunal de cassation qui décidera sur
les demandes centrales, jugemens rendus par tribunaux d'appels, et sur
les contestations entre une partie du tribunal et le tout.

Ce tribunal ne prendra point connaissance du fond des affaires, mais
seulement des procédures dans lesquelles les formes auront été violées,
ou qui contiendront quelque violation expresse de la loi, et renverra le
fond de l'affaire au tribunal qui doit en connaître.

46. Les juges des différens tribunaux garderont leur office pendant
toute leur vie, à moins de forfaiture. Les agens du gouvernement peuvent être changés.

47. Les militaires délinquans seront cités devant les tribunaux spéciaux et assujettis aux formes particulières des jugemens. Ces tribunaux
spéciaux prendront connaissance aussi de toute escroquerie, et de quelque vol que ce soit, ainsi que des bris de porte, d'assassinat, de meur-
trier, d'incendiaires, de rapts, de conspirations et de rebellions. Leur
organisation regarde particulièrement le gouverneur de la colonie.

TITRE X. *Administration municipale.* 48. Il y aura dans chaque paroisse
de la colonie une administration municipale, dans la paroisse où il exis-
tera un tribunal de première demande; l'administration municipale sera
composée d'un major et de quatre administrateurs. Le commissaire du

gouvernement près le tribunal remplira gratuitement les fonctions de commissaire du gouvernement à l'administration municipale. Dans les autres paroisses, l'administration sera composée d'un major et de deux administrateurs, et les fonctions de commissaires seront remplies gratuitement par les substituts du commissaire des tribunaux devant lesquels ces paroisse feront appel.

49. Les membres des administrations municipales seront nommés tous les deux ans, ils pourront toujours être continués; leur nomination sera dévolue au gouverneur, qui, d'une liste de seize noms présentés par chaque administration municipale, choisira telles personnes qu'il trouvera propres au maniement des affaires de chaque paroisse.

50. Les devoirs des administrations municipales consisteront dans l'exercice de la police des villes et des villages, et à examiner l'accroissement des revenus des manufactures et de la taxe additionnelle de chaque paroisse; ils sont en outre spécialement destinés à garder les registres de naissances et de mort.

51. Le major exerce ses fonctions particulières telles qu'elles sont déterminée par la loi.

TITRE XI. *Force armée.* 52. La force armée est de sa nature obéissante; elle ne peut jamais délibérer; elle est à la disposition du gouverneur, qui ne peut la mettre en action seulement qui pour ce maintien de l'odre public et la protection des citoyens.

53. Elle est divisée en garde coloniale soldée, et en garde coloniale non soldée.

54. La garde coloniale non soldée ne doit jamais sortir des limites de sa paroisse, excepté dans le cas d'un imminent danger, et ce d'après l'ordre et sous la responsabilité personnelle du commandant ou des commandans militaires de la place. Hors des limites de sa paroisse, elle est soldée, et devient alors sujette à la discipline militaire; dans l'autre cas, elle n'est sujette qu'à la loi.

55. Les soldats coloniaux font partie de la force armée, et sont divisés en troupes de cavalerie et d'infanterie.

La cavalerie est établie pour maintenir la police générale et la sûreté du pays. — Elle est payée du trésor colonial. L'infanterie est pour la police des villes et des villages. — Elle est payée par les villes et les villages où elle est de service.

56. Le recrutement de l'armée doit se faire d'après la proposition qui en sera faite par le gouverneur à l'assemblée centrale, et d'après le mode établi par la loi.

TITRE XII. *Finances, séquestration, etc.* 57. Les finances de la colonie sont tirées des droits d'imposés, sur les articles d'importation et d'exportation; 2° des taxes imposées sur les maisons dans les villes et les villages, ainsi que sur les maisons dans les villes et villages, ainsi que sur les manufactures, l'agriculture et les provisions salées; 3°. des revenus des bacqs et des postes; 4°. des amendes et confiscations; 5°. des droits de sauvetage sur les vaisseaux naufragés; 6°. des revenus des domaines coloniaux.

58. Le produit des rentes des propriétées séquestrées, les propriétaires en étant absens, et point représentés, fait une partie provisoire du revenu public, et est appliqué aux frais d'administration.

59. Les circonstances détermineront les lois qu'il s'agira de faire rela-

tivement à la dette publique arriérée, aux rentes levées par l'administration sur les biens séquestrés après la promulgation de la présente constitution, et à celles qui auront été levées avant ladite promulgation; elles seront exigibles et remboursables l'année après la levée de la séquestration.

60. Les étrangers héritant en France de leurs parens, soit étrangers soit français, hériteront également à St. Domingue; ils peuvent passer des contrats, faire des acquisitions et se mettre en possession de biens situés dans la colonie, et en disposer, comme des français, de toutes les manières autorisées par la loi.

61. Le mode de lever et d'administrer les finances, les propriétés domaniales, les biens séquestrés et vacans, sera déterminé par les lois.

62. Une commission temporaire réglera et examinera les comptes de recettes et de dépenses de la colonie; cete commission est choisie par le gouverneur, et sera composée de trois membres.

TITRE XIII. *Dispositions générales.* 63. La maison de chacun est un asyle inviolable. Personne n'a droit d'y entrer, excepté dans les cas d'incendie, d'inondation ou de crie qui se font entendre de l'intérieur. Pendant le jour, on ne peut y entrer que pour quelques raisons spéciales que la loi déterminera, ou d'après un ordre émané de quelques autorité publique.

64. Avant qu'un acte d'arrestation, lancé contre une personne quelconque, puisse être mis à exécution, il faut 1° qu'il exprime le motif de l'arrestation et rappelle la loi qui l'ordonne; 2° qu'il soit rendu par quelque officier public, auquel la loi a conféré formellement le droit d'arrestation; 3° qu'une copie de cet acte soit donné à la personne arrêtée.

65. Toute personne qui, n'ayant pas reçu de la loi le pouvoir d'arrestation contre qui que ce soit, sera coupable du crime de détention arditraire.

66. Toute personne a la droit d'adresser des pétitions individuelles à toutes les autorités constituées et spécialement au gouverneur.

67. Il ne sera formé dans la colonie aucune corporation ou association ennemie de l'ordre public. — Aucune assemblée de citoyens ne peut s'appeler société populaire. Toute assemblée séditieuse sera dispersée sur le champ, d'abord par un ordre verbal, et ensuite, s'il le faut, par la force armée.

68. Toute personne aura le droit de former des établissement particuliers pour l'éducation et l'instruction de la jeunesse, avec la permission et sous la surveillance des administrations municiprlas.

69. La loi surveillera particulièrement toute espèce d'occupations qui peut porter atteinte aux mœurs publiques, ou à la sûreté, à la sante et à la fortune des citoyens.

70. La loi récompense les inventeurs de toute machine utile à l'agriculture; elle leur donne un droit exclusif à leurs découvertes.

71. Il y aura dans toute l'étendue de la colonie une uniformité de poids et de mesures.

72. Le gouverneur donnera au nom de la colonie, des récompenses à ceux de ses guerriers qui se sont distingués à la défense de leur pa... c.

63. Les propriétaires absens, pour quelle cause que ce soit, conserveront tous leur droits sur la propriété qui leur appartient, et qui est située dnas la colonie. Pour obtenir la main-levée du séquestre qui pourrait y avoir été mis, il suffira qu'ils produisent leurs titres, et à défaut de titres, des actes supplémentaires dont la forme sera déterminée p...

la loi. Ceux-là toutefois sont exceptés qui auront été mis ou continueront d'être sur la liste générale des émigrés français. Dans ce cas leurs biens continueront d'être administrés comme domaine colonniaux jusqu'à ce qu'ils aient obtenu leur radiation.

74. La colonie déclare, sous la garantie de la foi publique, que tous les baux légalement confirmés par l'administration, continueront à ressortir leur plein effet, si les personnes à qui la propriété est adjugée n'aiment pas mieux entrer en négociation avec les propriétaires ou leurs représentans qui ont obtenu la main-levée du séquestre.

75. Elle déclare que c'est du respect pour les personnes et les propriétés que la culture de la terre, toutes ses productions, tous les moyens de le faire prospérer et tout l'ordre social doivent dépendre.

76. Elle déclare que tout citoyen doit ses services, au pays qui lui donné naissance, au sol qui le nourrit, au maintien de la liberté et au partage égal des propriétés, toutes les fois que la loi l'appelle à leur défense.

77. Le général en chef Toussaint-Louverture est chargé d'envoyer cette constitution pour être présentée à la sanction du gouvernement français; cependant convaincus des dangers de notre situation, du besoin d'avoir des lois, et de la nécessité du prompt rétablissement de l'agriculture, et nous rendant au vœu unanime des habitans de St-Domaigue, nous invitons le général en chef, au nom du bien public, de faire mettre à exécution cette constitution dans toute l'étendue de la colonie.

Fait au Port-Républicain, le 19 floréal, an 9 de la république française une et indivisible.

Signé B O R G E L L A, *président;*

NAIMOND, COLLET, GASTON, NOGERCE, LACOUR, NOXAS MUGNOX, MANCEBO,

VIART, *secrétaire.*

Après avoir examiné la constitution, je lui donne mon approbation; l'invitation de l'assemblée centrale est à mes yeux, un ordre en conséquence duquel je la transmettrai au gouvernement français pour obtenir sa sanction : quant à son exécution dans toute la colonie, le vœu exprimé par l'assemblée centrale sera rempli et exécuté.

Donné au Cap-Français, le 13 messidor, an 9 de la république française une et, indivisible.

Le général en chef, signé TOUSSAINT-LOUVERTURE.

De chez la veuve L E R O U X, nº. 20, rue de la Vieille-Bouclerie.